De: _____

Para: _____
meu ∞ valentim

Cânticos de Apego

POESIA

AUTORA
Cláudia Cassoma
www.claudiacassoma.com

TÍTULO
Cânticos de Apego

COLECÇÃO
Meu Valentim
Livro I

COMPOSIÇÃO GRÁFICA
Cláudia Cassoma / Kujikula

EDITORA
KUJIKULA
kujikula@gmail.com

ISBN: 9780692046692

1ª Edição — 1 de Fevereiro de 2018
Todos os Direitos Reservados
© 2018 Cláudia Cassoma & Kujikula

CLÁUDIA CASSOMA

Cânticos de Apego

COLECÇÃO MEU VALENTIM

Odes sobre o amor
cantando corações enamorados
em tom ameno, enlevado e sublime.

Cânticos de Apego

far-me-ei sabido

em terras vastas e cultivadas
por passadas pessoalmente provocadas
levar-te-ei ao campo perdido
far-me-ei sabido

em antros fundos e puros
por pecados deliberadamente cometidos
causar-te-ei profundas aspirações
livrar-te-ei de desgostosas apresentações

em entradas enfileiradas
por rancores de vidas alheias
estropiar-te-ei com desejo afiado
far-me-ei sabido

soneto do orgasmo

andejo dedos hábeis por teu corpo
vão desvendando mundos
vão duros e seguros
levo-os sólidos por teu vulto

cerco-te os lábios com língua queimosa
vai lenta por tuas fronteiras
vai certa das tuas ânsias
tenho a beirada encharcada por ela

incito berros calados
    músculos contraídos
        convulsões afrodisíacas

desprendo perfumes de ti
insiro os hábeis andantes
e levo-te ao cume das sensações

restos da noite

olhares firmes
sobejo dos loucos gritos
cumplicidade nos sorrisos
no corpo, marcas dos apertos
magreza como sinal dos rebentos
       nos lábios
       nos beijos
nos pés, meias que são tuas
no liso da tua pele
trapos outrora em mim
secreção aquosa da tua figura
ledice daquela hora
sobejo do antes
gozo sem milagres
quebreira prazerosa
troco das estrelas
restos da noite

esbanjamento

dos meus olhos
escoam pingos sujos
    pingos
carregados de ti
carregados de mim
    de nós
    do feito
    do delongado
dos meus olhos
chovem brutas verdades
    verdades
escorrem dores
regam flores
dos meus olhos
esbanjam angústias
sem simpatia
saem partes de mim
pesares antecipando o fim

génese do amor

no longo choque entre olhares ignotos
pelo raspar da olência aos corpos alheios
ao lhes causar infalíveis arrepios
levando o cabelo ao rijo aspecto
suscitando dessossego
pelos miolos, provocando atrapalhação
pelo estômago, borboletas de paixão
desfalecendo o corpo em vida
avistando a razão da ida
ao abrilhantar o ápice das bochechas
preparando a mais bela exposição das mandíbulas
no vagaroso chegar do largo sorriso
no extenso ficar pelo duplo sentido
causando o atiçar da malandragem
o brusco romper da margem
pelo simples brindar da mão ao alheio
no então criado momento
génese de tal sentimento

à moça de biquíni retalhado

entendo a confusão no teu cabelo
por vias do teu semblante, o rímel seco
a orla do teu batom
como mancha do beijo devolvido
entendo o cintilar do teu corpo
junto-me à culpa com gosto

na dureza aguçada dos teus seios
nas mordidas feitas resto
o perfume testosterônico em teu beco
na cintura a mancha dos abraços
aplicação singular dos meus predicados

percebo o doce exalar do teu ducto
a vilosidade do teu rosto
o paliar do biquini retalhado
meu feito
reconheço

primeiro da'gosto

atrase o deslizar do apalpador
atrase a   dor
marine a fenda nas minhas entranhas
encharque-a com o porta-unhas
vá pelo corpo atrevido
vá de modo invasivo
vá quentinho
sugue os prazeres dos meus lábios
agarra-me pelos lados
ainda em trapos
arraste teu embrulho contra meu entulho
enquanto puxas os cabelos
enquanto berro
amaneire o cúmulo
o ansiado momento
anteceda o muco viscoso
lágrimas de momentos prazerosos
ponha em vinha-d'-avidez
dê gosto

romagem ao inferno

far-te-ei conhecer o inferno
pelo por dar ardente beijo
o calor que te cobrir
irá pelo vento a expelir
sentirás as brasas de que falam
ao inserir-te o tridente
provocar-te-ei tais berros
com calma fá-los-ei deslizar
ao clamares sossego

far-te-ei conhecer o inferno
pelo por dar ardente beijo
no além das almas perdidas
vidas que jamais viveram tais dias
comercializarei teus berros aos idos
irão sem anunciados retornos
far-te-ei chegar em tal morro
desestabilizar-te-ei o corpo
e, lentamente, dá-lo-ei ao subsolo

sequer um berro

dei-me aos refreios
enrolei-te nos beijos
abracei-te pegajoso
dei-me atento

fui duro e prazeroso
reguei canteiro desfeito
cheguei aos fundos
fiz-te aos rombos

ao careteares
de mocinho fui amar
esperei amenizar
sarei lesões

de mim o sabido espesso
poupei-te do aborrecimento
e pelo desfastio facultado
sequer um berro

só palavras

que entendas que te amo
que ouças o que falo
assim mesmo
que seja tudo

olhe nos meus olhos
assista meus lábios
faça como entenderes
mas só vou dizer

não sei o que pedes
desconheço outras formas
se desenhas o que sentes
só carrego falas

que entendas então
que ocupas este coração
e que baste
pois não há outra parte

cânticos 9

1 vi-te pelas avenidas da vida
coberto de improbabilidade
oculto em minha eternidade
ainda inexacto

2 apus-te no centro do meu peito
cercado por meus medos
amparado pelos ensejos
já certo

3 fiz-te calor dos meus abraços
ruído dos meus beijos
titulo dos meus orgasmos
pra sempre

4 quero-te ao fim da morte
por sorte noutra vida
não só seguro
porto único

debaixo dos lençóis

pés entrelaçados
dedos dançantes
braços entre braços
partilha d'ares quentes

mastro em becos
mãos em peitos
mão em mão
mão embaixo

cabeça lisa distante da outra
cabelos voando para não engasgar
berros mudos de a outro surdar
ingressar de enraivar

enterrar dos ventres como chegada
exumar como noite saturada
prontos saem dois
debaixo dos lençóis

meu poema

acompanhar-me-ão folhas da welwitschia
furtadas nas terras esquentadas do Namibe
sacos plásticos fartos de ginguba
quissangua caso venhas a engasgar

nossos jantares serão às torcidas
com as pontas dos meus dedos
bolas de funge à tua boca
ao se afastarem os muzumbos

nossas noites de cinema
nas mais altas montanhas
apressando o despedir do dia
saudando as estrelas

não te vou amar de forma branca
te vou curtir
meu poema será um semba
ao dançar-te irás sentir

insânia de quem ama

no incêndio exaltado do meu peito
nas linhas que me tornam robusto
em pseudo arroubos da alma
sonhos, embalos; insânia de quem ama

no mar estoico dos meus espíritos
na espargida afoiteza dos meus ensejos
em idas de vindas delongadas
audácia, apertura; insânia de quem ama

no vasto grosso dos meus metros
nas teimosas incoerências dos miolos
em doces espasmos de dor
berros, preces; insânia de quem ama

no pachorrento viver do meu ser juvenil
na completa moldura do meu ser varonil
em certezas de só um
emoção, vibração; insânia de quem ama

em teus braços

despoja-me dos trajes cansados
desfaça-me dos dias passados
livra-me de tais pecados
dos benditos discursos enfadonhos

esfatia-me como pão agora feito
entrega-me completa ao prazer
torna-me presa do sórdido desejo
demore o alvorecer

explora-me de cima aos zeros
provoque berros
despeja-me nos mares cremosos de ti
desvenda os zigotos em mim

canse as magras pernas
amoleça as entranhas
abstenha-me de terceiros
sacie minha libido em teus braços

elegia para o ex-amor

esmoreço ao manares das memórias
súbita ida das alegrias
inundo-me ao antecipar a virada dos ponteiros
chegar mordaz dos momentos

carnudos e untuosos lábios desbotam
sem ventos que lhes incitem
encharcam
olhos outrora secos

de cómodo à buliçoso vai o coração
com nervos inspira as mãos
a cama que nos resguardou
motivo de perecimento

trapos brancos dos sucos de um dia
por vias do pescoço que lhe tinha
na ponta da que provocou descanso
sobejo das curvas do teu acto

melopeia

ainda vestal
calma, em
leito acolchoado
dura, com
corpo atenuado
descanse
ao sonho
embarque
vá segura
sossegada
sem pressa
nos ventos ternos
da noite ou doutros tempos
no perfume das jovens flores
no resto dos antigos sonhos
no que agora é só desejo
ter-te-ei desse jeito
no resplandecer da lua pálida
sob noite lenta de memórias molestas
quando a saudade apertar e resolver eclodir
desmemoriar-me-ei da minha própria tristeza
relembrar-me-ei dos velhos tempos com leveza
no medonho perpetuar do teu deleitoso sorrir
pra sempre estarás em prazenteiro dormir
e ainda que no inevitável deplorar
dura, calma e vestal

contestando o desapego

perpetue o sufoco dos abraços
deixe ficar manchas do teu braço
vista-me deste cheiro
deixe tais trapos

ate meus lábios no teu beijo
case meu vermelho com o teu
imortalize o prazer pelo corpo
ardendo ser só meu

passe seus calos por meu rosto
furte dos meus lábios um sorriso
grave o encanto de tais segundos
aproveitando o lento dançar dos olhos

entulhe as duras pegadas
nas poucas brechas que trago
com o apertar das mãos
garanta não irem aos ventos

(...) contesto o desapego

coração tenaz

ao me abraçar o vazio
vista-te de mim
tenha-me no tempo do sorriso
vá para quando meu corpo sabia dançar
tenha-me assim
imploro
ao provares sua firmeza
esconda as gotas apressadas
dance sem parar
sorria como se fosse único alegrar
ao deixares beijo seco
ainda que discordes com o tempo
rejeite os ventos
reviva os momentos
descanse os olhos no oco assento
como se meu corpo jamais tivesse ido
coração partido é ilusão
deixa-lhe assim
ama-me como se me fosses ver amanhã
como se não fosse fim

no centro do teu palco

beiçudo aos teus fundos
eu vou
depois da dança dos nossos olhos
do sorriso atrapalhado
depois dos lábios linguados
corpos arrepiados
ponho-me em lados amorenados
no centro do teu palco
afiado à tua cave
vou
depois do alisar do teu corpo
pelas pesadas mãos que trago
caminhos revisitados
brados relançados
depois da dança dos nossos olhos
do automático assentimento
depois do desfastio atiçado
do deslize às paredes vilosas de ti
um avanço pronto de mim
ao centro do teu palco

vamos amar

desconhecemos o amanhã
se poderemos estar
nos resta apenas aproveitar
vamos amar
daqui não sairemos sem abrasar
sem não mais poder andar

planos não nos pertencem
não sabemos do depois
desprovidos somos de tal sorte
então vamos amar
o agora é evidente
é nós

não sonhe, por favor
descarte essa dor
na saudade está a nossa paz
nas lembranças dessas horas
vem amor, vamos amar
daqui não sairemos sem abrasar

vamos amar

chore, amor meu

ponha-te em terror
inunde os olhos
canse os membros
; chore amor meu;

emagrente o pescoço
esprema o corpo
lança-te ao passado
; chore amor meu;

pelo porvir
pelo subordinado por ti
faça assim
exponha o que não vi
; chore amor meu;

pelo mar entre nós
pelo incerto depois
demonstre dor
promulgue terror

; chore amor meu;

amor obsoleto

não por ter aberto a porta
ou por a ter fechado
não pelo caminho preparado
ou pelas horas sem necessário esperar
                    lágrimas por deitar
mais do que o constante chegar das rosas
depois do vinho
hirto dançar
ainda assim notório apreço
mas muito além disso
além dos doces sem orgasmo sublinhado
não apenas pelas cartas de amor
ou a exiguidade da dor
muito mais que as noites de luar
velas na mesa de jantar
não por mimosear
juntar meus cabelos com seus dedos
mais que nossas caminhadas beira-mar
a forma como se deu a brindar
muito mais que rumoroso amar

amor que se fez obsoleto

sufoco

fora a atadura na garganta
tem meu pé que já não anda
mente desviada
sanidade não passa de almejo

dizem ser fim do amor
que loucura!
comigo ainda tal dor

o derrame lacrimal é constante
jamais tão carente
vê-se tal realidade
sem doutrinas

há de melhorar
desgraçados!
desconhecem tal maltratar

dizem desaparecer com o tempo
oh! então isso jamais

tempo é pra todo tempo
e aparentemente sufoco também

o rescender do espírito

espírito dado ao bem somente
vai ao que o faz contente
dança solto aos ventos
remoinha aos fortes sopros
regista momentos bons e se apega
rejeita contrária fotografia
se dando aos outros clama amor
do contrário se faz repelido
espírito que ronda as flores
desembaraça quaisquer dores
vai ao que lhe dispensa sossego
por ele ainda que no claustro
suplica aos muitos deuses
se desfaz das várias afeções
restaura antes das reações
espírito dado ao bem somente
pelo ensejo se acende
vai pelos pecados do mundo
sua essência é tudo
vai sem o que o assusta

acerta sem piedade
amor rescende

cobiçado beijo

nem mais no vento posso confiar
roubou-me o beijo que te ia dar
fê-lo andar
perdeu-se pelas ondas do mar

cansou-se o corpo já
quiçá os lábios voltem a esticar
os olhos voltem a se encontrar
aguardo o maná

volto-me na possibilidade de voltar
se não for te encontrar
busco os vários deuses
alguém há de ser forte

lentos olhos
dançam ao sono
mas não almejo isso
não isso
pena já não chegar

roubou-me o vento
perdão, foste despojado

deixa-me falar-te em silêncio

deixa-me falar-te em silêncio
explicar-te com meu calar
deixa-me fingir estar em tédio
não mais vejo formas lógicas
nem tão pouco teorias poéticas
nada que me leve ao que tanto explico
queimou-se o meu hálito
de tanto que me pus em grito
então, poupa-me
deixa-me falar-te em silêncio
palavras cansadas em mim
momentos que apresentam o fim
dores que me deixam assim
deixa-me calar ao explicar
quão duro foi amar
o louco que seria continuar
deixa-me calar ao gritar
pela raiva que carrego
deixa-me falar-te em silêncio
o quanto te quero odiar

amarrar-te no meu nó gargantal
e se der
engolir-te no próximo carnaval

palavras soltas

no carregado olhar, promessa
no dançar das pupilas, certeza
encontro apertado sem toque
vontade larga sem perversidade

no calmo alastrar dos lábios
no curto chegar do sorriso
tão querida satisfação
realizada comunhão

no suor despejado pelas mãos
no obdurar acelerado dos pelos
berro em silêncio
acção no orifício

no fundo do centro retraído
no desejo que o veste
vestígios do abandono da espera
plena segurança
no frágil dançar das curvas

na lentidão das celhas
arrepio de juras impelidas
brisa de palavras soltas

versos por te dar

muito tenho para te dizer
trago versos puros e raros
palavras doces sem ar perder
trazem verdades de cunho inaudito

tenho o coração de sentinela
patrulha linhas tuas de mim
luzem como brasas rabugentas
destemem que te cause fim

muito tenho para te dizer
porém, tão cedo nada farei
guardar-me-ei como moça casta

selarei forçados os grossos lábios
darei aos olhos carregados
verdades de um dia
se vires será tua alegria

no branco sorriso que trago

trovas que não lhe cantei
beleza que recuso dar fundo
versos que então não dei

amor perdurável

olhar menino que desvendei
lábios grossos que beijei
largo nariz dançado contra o meu
aos dias idos se deu
franziu a testa feita sepultura do ósculo
dentes que sorriam se deram ao pulo
peitos tesos emurcheceram
não foi só meu sugar
chegou o hoje
tempo que venceu o tempo dos nossos tempos
cicatriz arredondada em teu ventre
outrora à vista
hoje sepultura das banhas dos dias de mãe
cintura miúda que abracei
bunda dura que amassei
em terra lisa que com minha seiva reguei
gramas expressando desleixo
nas pernas longas que bronzeei
bengala que lhe rouba a vaidade
chinelos sem sola

perfume dos restos das beatas
no olhar menino que desvendei
carquilha que acompanha a minha

ao me esqueceres

ainda que com outro alguém
    que não mais eu
ainda que não chorares
    que te sintas carente

ao me esqueceres

que seja eu nos poucos momentos de lucidez
que me busque tua mente
que lute por mim

que te lembres de lembrar do passado
                      do nosso tempo

ao te consumir este mal
que de nós reste a dança
ao escurecerem-se as lembranças

ao me esqueceres
serei como praça

vazia, asquerosa e sem provável renascer
quando tal mal finalmente ser
que esforces tu'alma a passar por lá

ponteiros partidos

parei o tempo em tempo nosso
grudei a bunda naquele assento
esperei
dancei o deslizar dos momentos
o pesar dos miolos
olhos reflexo
tronco retido
no cúmulo do meu negror
lembranças feitas dor
no congestionamento das horas
verdades que maltratavam o pensar
parei o tempo em tempo nosso
desempilhei os faróis
fui
por palcos com repertório copioso
desandei o querer teimoso
com recheio salival nos lábios
regressei os secos beijos
no divagar das mãos frias
rememoração das quenturas de outrora

no bem representar do teu sorriso
paraíso
pras devassas, rancor duradouro

a carta que não enviei

escrevi faz tempo
cantavam ainda muitos ventos
letras que não se encostavam
escrevi com mãos calmas
timbrei também
beijos meus no canto do amém
reuni palavras doces
numa folha sem cores
histórias que não eram mais que sonho
alinhei pontos e acentos
escrevi faz tempo
finquei no chão desprovendo-a do voar
mas a chuva se atrasou
escrevi em linhas mudas
numa oitava mais baixa
de todas, a melhor trova
poupei-lhe do sentir
a fragrância com que molhei as pontas
meu calor conheceu a caixa de correio
escrevi faz tempo

mas não foi
timbrei no sigilo das linhas
tudo
tudo que faz nossa história

quero-te nua

deveste-te de rimas
versos e temas
quero-te nua;

na via mais pura
de forma única
quero-te minha;

não te dês aos escritores
evite tais dores
vem assim;

no passado, no presente e no futuro
num discurso (di) ou (in)direto
do teu jeito;

quero-te nua
joga-te e flua
bamboleie;
quero-te livre

forte e atrevida

entregue

quero-te poesia

no mais profundo de mim

quero-te assim, ó mulher: nua!

tudo o que tenho para te dar

para te livrar da barafunda do São Paulo
por cem kwanzas, um espaço alugado
numa carcaça ida aos peidos
lugar pouco para o sentar da tua bunda

espera-me naquela esquina, ó mulher
corra ao me veres pois não poderei descer
ficaremos a meio caminho se o fizer
salte ao encontrares minha mão
confundida entre as bacias iguais a tua

para desfazer teu corpo dos dias custosos
banho de bacia com caneca larga
funge com cabuenha
noite com nossas gorduras entre os teus panos
só para confundir as manchas da esteira

te vou abraçar sem endurecer
nos poucos pelos do meu peito te vou ter
entre os meus braços até amanhecer

estarás tu, ó doce mulher

para outro dia desvairado
do teu marido, um matabicho bem preparado
caxinde e bombó assado em tempo ainda turvo
de mim para ti será tudo

ao resfolegar-me em teus braços

não só segurança
consolo pra alma
nas ruas do teu braço
asilo garantido
navego pelo suor que te escorre
banho-me com tal cheiro
descanso os medos na calma dos teus abraços
deixo-me levar pelo sonho
não é só alívio
é paz sem preço
o descansar remansado das pálpebras
é muda poesia
momento de verdadeiro apenas
ponho-me nas ruas do teu corpo
nada temo
vou pelas paredes imperfeitas de ti
não é apenas um lugar
é tudo
mundo em próprio mundo
sem marcas do tempo

nesse abraço
ruas puras
lanço-me assim
suspenso em casto momento
feliz
num descanso não eterno
contudo, sem erro

mero amor

em húmido amanhecer
de noite pluvial
amor em beijos ensopados

sobre ventoso anoitecer
de tarde musical
amor em beijos sedentos

entre olente florescer
de verão boreal
amor em beijos adocicados

no propositado aprazer
de piada sem mal
amor em beijos sorridos

ao apressado viver
de coração em avidez fatal
amor em beijos mordidos

pra alma a merecer
de pureza descomunal
amor em beijos verídicos

pelos prazeres de morrer
de vida total
amor em beijos derradeiros

por ventos de amolecer
de tarde em seu final
amor em beijos meros

reembolse o meu amor

atulhe meu tanque lacrimal
dá-me o que é meu por direito
meus choros noturnos
    gritos fininhos
    as gorduras vendidas
almejo tudo de volta
leve anéis e colares
    vestidos
        tanto os longos quanto os curtos
leve, leve tudo
só reembolse o meu amor
devolva o que me pertenceu
    o que em mim se deu
fiscalize minhas avenidas
    minhas paragens
lugar onde preocupação era a espera
saída com meros corações
    entregas sem orações
leva-me à minha era
    ao tempo de brincadeira

                de alegria, despreocupação
leva-me de volta
reembolse o meu amor
tome essa dor
corpo magro e dependente
sem sorriso evidente
anseio meu "eu" ardente
            passado longe desse presente
de ti, só o meu amor

antecipação

vão os olhos ao pressentir de ti
vão com a calma do chocar dos lábios
em tempo que só eu vivo
descarto demência como perigo
nas noites em que me resgata a tua voz
vão as comichões ao antecipar de ti
ajeitam minhas portas para tuas entradas
vou cega e surda
cantando gemidos que me ensinam partos
vou pronta e lenta
mexendo partes que prolongam momentos
no silêncio do jazer das minhas celhas
vou em cantos de nosso passado plural
assisto tuas mãos em minha cintura
numa viagem por vozes alheias
numa ida com os pés estimulados
vejo teus braços sobre os meus
sinto pedaços de mim sobre os teus
tua voz num berrar fininho
levam-me os poucos raios de sol

mimicam o teu farol

constância dos nossos dias

certeza de jamais esquecer tais alegrias

levam-me os restos do teu cantar

voz ilícita no meu escutar

no vasculhar do meu bem-estar

vou enquanto aqui me deito

por momentos teus

     em meu corpo

amor mesmo

entre nós não são promessas jogadas em coito
é amor mesmo
não nos vimos em músicas que não nossa
sentimos coisas ainda por explicar
fizemos outras sem livros a ensinar
entre nós não são beijos novelescos
é amor mesmo
não temos dia de mais amar
depois de fevereiro, sempre a contar
coisa sem par
entre nós não são roupas a combinar
é amor mesmo
veem os que sentem os nossos olhos
sentem os que veem os nossos corpos
transparência é nosso lar
entre nós não são ausências de berros
é amor mesmo
no vigor da nossa raiva
noites de amor sem nada
gozo apenas

entre nós não são retratos de mil palavras
é amor mesmo
silêncios sorridos de momentos bem passados
silêncios vividos em momentos não falados
coisa nossa
entre nós não são dias sem pena
é amor mesmo
casamos nossos choros
felizes ou outros
não são defeitos
entre nós é coisa nossa
é amor mesmo

em todo tempo

quero-te nos segundos de todos os minutos
nos minutos de todas as horas
nas horas de todos os dias
nos dias de todos os meses
nos meses de todos os anos
quero-te

quero-te nos segredos de cada olhar
na pressa do coração
seu dançar sem noção
no medo do desconhecido
no beijo cobiçado
quero-te

quero-te na ardência dos arrepios
no tesão dos nossos fios
no desvendar dos seus rombos
sentir sem fronteiras
em idas sem prazos
quero-te

quero-te nos lugares de mim
por olores sem jardim
debaixo de noite quente ou fria
ou em sol vermelho ainda
como nunca em minha vida
quero-te

quero-te nos segundos de todos os minutos
nos minutos de todas as horas
nas horas de todos os dias
nos dias de todos os meses
nos meses de todos os anos
quero-te

avidez

gostaria de saber olhar em teus olhos
levar-te a conhecer mundos
com o dançar das celhas
traduzir meu querer, minhas loucuras

gostaria de conhecer palavras
fazer-te então entender
com o sugar dos meus lábios
mostrar meu despudor, meus anseios

gostaria de te poder cheirar
com a parte saliente do meu rosto
absorver tua beleza
fazer-te emagrar, te amar

gostaria de apenas ouvir
saber de ti
sossegar à tua música
ter-te aqui, te vestir
gostaria de te tocar

desfazer teus panos
mãos e dentes
vezes forte, vezes sem manchar

gostaria de te enlouquecer
com meu peito me apresentar
baixo ponto elevar
pôr-te a subir, a descer

gostaria de dançar
ver-te a balançar
da cintura o deslocar sensual
fazer-te anormal, tornar-te musical

gostaria de lá chegar

imploro-te, moço!

evite pestanejar ao olhares pra mim
faça-me a que se intimida
leva-me à muito num assalto
descarte o tempo
leva-me a suplicar

imploro-te, moço!

ao descansar as pestanas
leva-me pela cintura
beija minha curva primeira
passe pela orelha
fomente o arrepiar
me vês a implorar?

vá pela área mamal
passa pelo queixo caído
deixe um beijo
marque-os apertados
imploro-te!

ao conheceres meu umbigo
quero-me em delírio
conheça o dançar da minha cintura
fá-la ziguezaguear
fá-la oscilar
leva-me a berrar

sou mulher que trás coxim
vá por partes de mim
ao se deslocarem os lábios
na exposição dos meus brancos
deixa que te ponha em meus berros

imploro-te, moço!

se me fizeres teu amor

olhar leviano e concentrado
corpo bem arrumado
lábios doces
nada de orgasmo precoce

mãos jamais enrugadas
no teu ouvido as mais doces falas
aroma de fazer endoidecer
beijar até anoitecer

lingerie daquele tom
no fundo o teu som
isso se me fizeres teu amor
    se escolheres esta dor

longas caminhadas beira-mar
talvez chegue a nadar
receberei flores
suprimirei dores
vestidos longos, jóias também

comigo irás ao amém
vamos jantar, dançar e amar
vamos para lá viajar

toque suave no rosto
sem razões pra choro
olhe para mim
será assim

poesia, poema, sei lá... canção
coisas que alegram o coração
meu sorriso, ah! que mimo
todo dia será dia lindo

... se me fizeres teu amor

vou brigar, vou orar, vou perdoar
não será perfeito, mas vou amar
cada minuto será tudo; será eterno

súplicas escalvadas

quero amar perdidamente
    amar sem   mente
quero um amor em que há loucura
      amor sem   cura
almejo um amor sempiterno
      amor sem terno
desprovido de qualquer indumento
desabraçado dos medos
dado aos desvairos
um amor de tempo inteiro
quero amar sem usar a consciência
      amar sem   ciência
quero um amor sem amor pressentido
      amor sem   sentido
almejo um amor sempiterno
      amor sem terno
desguarnecido de noções
desprendido de ilusões
doado às loucuras
um amor de leis quebradas

quero amar sem interrogações
  amar só com acções
quero amar por amar e mais nada
  amar e mais nada
almejo um amor sempiterno
  amor sem terno
desfeito de definições
distante de prisões
devotado ao prazer
um amor de simples ser
quero amar de modo profundo
  amar a fundo
quero um amor só nosso
  amor nosso
almejo um amor sempiterno
  amor terno
decorado com afago
dotado de afecto
distante do mundo
um amor de teor único

pra sempre te amar

vedei nas gorduras dos lábios
    doces beijos
        os que foram mordidas
        os que sugaram pontas
nas curtas curvas da boca
      marcas da tua

deixei nas ruas dos braços
      manchas dos abraços
      os que foram apertados
      os que deixaram espaço
    nas danças da minha marioneta
o cheiro da nossa união

pra sempre te amar

brilham nas meninas dos meus olhos
      imagens nuas de ti
    as que foram apenas contemplar
    as que fiz obdurar

na constância da minha vista
tua inocência como melhor panorama

estampados nas montanhas do rosto
razões do brilho
um olhar, um sorriso
um momento, um tempo
nas fofuras expostas
sorrisos que foram por ti

pra sempre te amar

conservei na quentura das minhas entranhas
pedaços de ti
os que foram ao anoitecer
os que deixámos acontecer
no entroncamento dos nossos dias
alegria maior

pra sempre te amar

quando me for…

quando for
não aprece o volver do teu olhar
nem pra esquerda, nem pra direita
segure minha mão e pouse as duas em meu peito
quando calar meu coração
que continue o teu a bater por nós

quando for
não adiante o branquear do teu sorriso
nem amanhã, nem depois
pouse teus olhos sobre os meus e os deixe encher
quando meus lábios se calarem
que os teus cantem a nossa canção

quando for
não ande em outras direções
nem Zé, nem outros corações
senta-te ao pé de mim e cruze as pernas
quando endurecer meu corpo
que o teu faça o mesmo

quando for
não volte a usar vestidos
nem longos, nem curtos
passe por meus olhos enquanto vedas os ouvidos
quando nossa música calar
que jamais voltes a dançar

quando for
não molifique teus dedos
nem o anelar, nem os outros
use eternamente nossos anéis,
sê fiel como ave africana
quando esvaziarem minha mão
que não adornes a tua

quando me for
não deixe que te visitem
nem amigos, nem vizinhos, nem mesmo primos
fique aqui
quando for levado
não deixe que te façam o mesmo

amor às cegas

(?)
sabe alguém deste amor em minhas noites
deste em meus sonhos
quem o conhece
quem sabe do seu cheiro
sabe já do seu jeito
quem o teve por perto
teve roupas desagarradas de si
quem mais passou por aqui
teve os cabelos levados ao ar
corpo à parede encostado
quem também vendeu seu beijo
ao lhe tocar tal Canjila
quem sabe desse amor que faz meus dias
que se dá como razão das minhas alegrias
quem mais foi tomada
amada sem advertência
vasculhada sem doutrina
quem então sabe mais sobre ele
sobre o espesso corpo que sinto ter

quem um dia pôde lhe ver
quem tocou sua mão e a sentiu
os caminhos que fizeram, quem conheceu

...

quero jurar ser digno do meu calor
mas que alguém me diga, por favor
    que revele os segredos dos olhos que toquei
    alguém
    que   entenda seu apressado respirar
preciso encontrar
    alguém que sabe deste amor
        que arrefece o meu inverno
        que no verão me tira o terno
    alguém que não só escutou
            mas que nele esteve
    alguém que com ele dançou
        que se pôs a contar seus dentes
    alguém que sabe do rosto
        do longo queixo
preciso encontrar alguém com resposta
(?)
sabe alguém desse amor que me escolheu

quem mais foi seu

...

que me diga então

confesso que se a vida permitisse

arrancava as vendas que me deu a sorte

e cegamente o amaria

A AUTORA

Cláudia vê-se na complexidade de artista, e por tal se abstém de se definir no singular. É de nacionalidade angolana; nasceu em Luanda em 1993. É académica de Pedagogia com ênfase em Educação Especial e vive mergulhada na arte de escrever desde tenra idade. Hoje, vai vogando com braços fortes por mares revoltos, porém, compensadores, marcando presença no mercado artístico nacional e internacional. Tendo já explorado uma variedade de géneros, Cláudia Cassoma estreou-se no mundo literário em 2013 com o poemário *Amores que nunca vivi*, sob chancela da editora norteamericana "Trafford Publishing". Quatro anos depois, presenteou-nos com "Pretérito Perfeito", um verdadeiro elucidário, como descreve Luefe Khayari (2017). As suas obras estão registadas na biblioteca do congresso norte-americano.

No seu repertório literário, além das publicações supracitadas, Cláudia tem outras publicadas em periódicos internacionais, como: The Red Jacket (E.U.A., 2014), The Sligo Jornal (E.U.A., 2015), Best New African Poets (Camarões, 2015-16), Antologia de Textos Premiados da AVL (Brasil, 2016), The Wagon Magazine (Índia, 2017), Teixeira de Pascoaes Vol.III Pensamento e Missão (Portugal, 2017), Concurso Literário de Itaporanga (Brasil, 2017) e The Best Emerging Poets Series (E.U.A, 2018). Ela revela-se um íman de prémios e condecorações, atraindo prémios literários como o Maria José Maldonado de Literatura (Brasil, 2016), o de participação no Concurso Artístico Teixeira de Pascoaes (Portugal, 2017), e o de participação no 6º Concurso Literário de Itaporanga (Brasil, 2017). Por conta do seu trabalho na área de liderança, Cláudia foi nomeada para o prémio "Líder Emergente" como testemunho da admiração de colegas e professores pelo seu trabalho na área. Isso, ao mesmo tempo que recebia a sua terceira medalha e o quarto certificado pela sua aplicação no trabalho social.

A mulher e pessoa em Cláudia Cassoma também desagua seus interesses, de forma incansável, nos serviços sociais, rendendo-lhe um número de certificados e medalhas incluindo o Certificado de Cidadão Diplomata outorgado pela Universidade do Distrito de Columbia em Washington D.C. o que a inspirou a aderir, de uma forma mais enredada, ao terceiro sector com a criação da SmallPrints, uma organização que fundou com a intenção de participar activamente na formação de uma sociedade justa e responsável pelo êxito da criança. Fazendo jus às suas certificações em liderança usou o seu gosto por lenços para criar e liderar eventos baseados nos princípios de empoderamento feminino estabelecidos pela Organização das Nações Unidas.

Embora a literatura esteja na essência da sua identidade artística, o talento e o potencial de Cláudia

Cassoma distribuem-se na grande paixão por crianças, no serviço social, no activismo e noutras expressões artísticas. A menina que desde muito cedo experimentou e praticou a arte de escrever, hoje mulher, no seu longo, brilhante e desafiante caminho e com o seu elegante sorriso, nos diz que nem toda a guerra nos compele a levantar armas de fogo e a engolir berros, às vezes, basta o alvo papel com o contrário que se almeja (2016).

Auspiciosa, Cláudia segue caminhos que vão desde a arte da representação gráfica da linguagem aos que aproximam o mundo à sua metamorfose.

REPERTÓRIO LITERÁRIO

RESPONSABILIDADE SOCIAL

#FaçaOBemLendoMais
#FBLM

O objectivo do projecto **FAÇA O BEM LENDO MAIS** é incentivar a leitura promovendo práticas de interesse social e comunitário. Como parte desse processo, uma percentagem do rendimento dos meus livros publicados é doada a causas sociais que beneficiam a comunidade.

Este Livro
___
Proporção: 28%
Recipiente: Projecto Meu 'Eterno' Valentim
+Info: www.claudiacassoma.com/responsabilidadesocial

OS

∞

CÂNTICOS

far-me-ei sabido	15
soneto do orgasmo	16
restos da noite	17
esbanjamento	18
génese do amor	19
à moça de biquíni retalhado	20
primeiro da'gosto	21
romagem ao inferno	22
sequer um berro	23
só palavras	24
cânticos 9	25
debaixo dos lençóis	26
meu poema	27
insânia de quem ama	28
em teus braços	29
elegia para o ex-amor	30
melopeia	31
contestando o desapego	32
coração tenaz	34
no centro do teu palco	35
vamos amar	36
chore, amor meu	38
amor obsoleto	40
sufoco	42

o rescender do espírito _____ 44
cobiçado beijo _____ 46
deixa-me falar-te em silêncio _____ 48
palavras soltas _____ 50
versos por te dar _____ 52
amor perdurável _____ 54
ao me esqueceres _____ 56
ponteiros partidos _____ 58
a carta que não enviei _____ 60
quero-te nua _____ 62
tudo o que tenho para te dar _____ 64
ao resfolegar-me em teus braços _____ 66
mero amor _____ 68
reembolse o meu amor _____ 70
antecipação _____ 72
amor mesmo _____ 74
em todo tempo _____ 76
avidez _____ 78
imploro-te, moço! _____ 80
se me fizeres teu amor _____ 82
súplicas escalvadas _____ 84
pra sempre te amar _____ 86
quando me for... _____ 88
amor às cegas _____ 90

www.claudiacassoma.com

www.ingramcontent.com/pod-product-compliance
Lightning Source LLC
Chambersburg PA
CBHW070526030426
42337CB00016B/2119